Impressum
Verlag: BABADADA GmbH, Nedderfeld 112 , 22529 Hamburg
Geschäftsführer / Verlagsleitung: Harald Hof
Druck: Books on Demand GmbH, In de Tarpen 42, 22848 Norderstedt

Imprint
Publisher: BABADADA GmbH, Nedderfeld 112 , 22529 Hamburg, Germany
Managing Director / Publishing direction: Harald Hof
Print: Books on Demand GmbH, In de Tarpen 42, 22848 Norderstedt, Germany

ښوونځی

škola

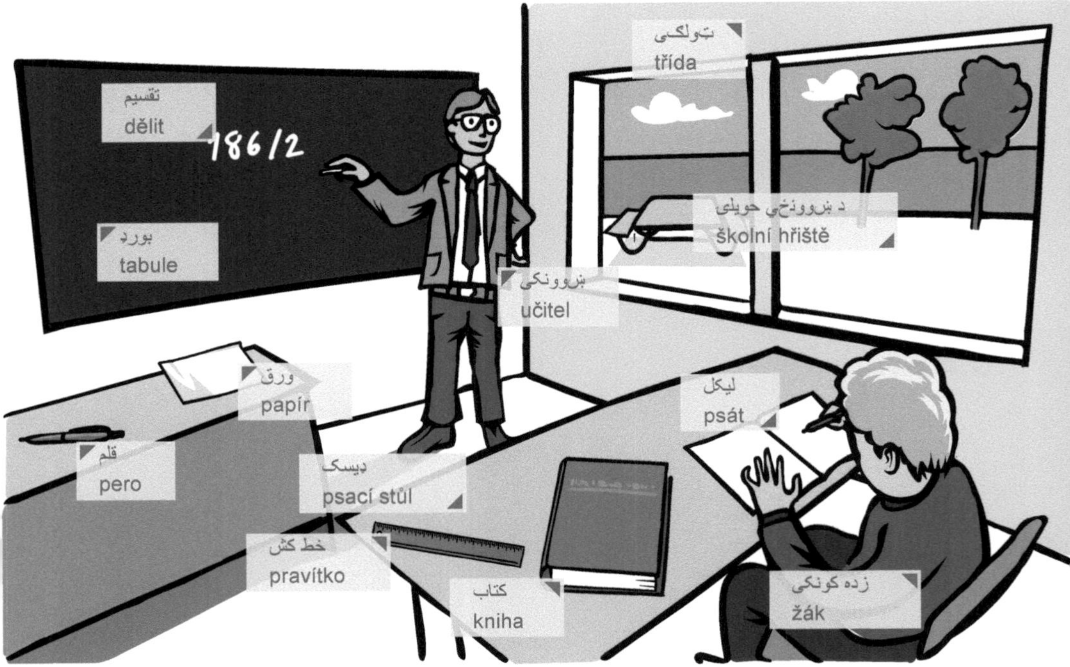

تقسيم
dělit
186/2
بورډ
tabule
ټولګی
třída
د ښوونځي حويلی
školní hřiště
ښوونکی
učitel
ورق
papír
ليکل
psát
قلم
pero
ډيسک
psací stůl
خط کش
pravítko
کتاب
kniha
زده کونکی
žák

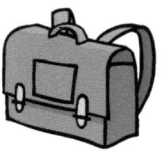

کڅوړه

aktovka

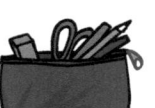

د پنسل بکسه

penál

پنسل

tužka

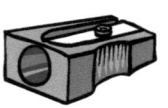

پنسل تراش

ořezávátko

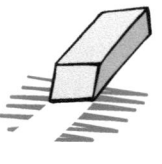

ربړ

guma

د رسامی پاڼه

blok na kreslení

رسامي

výkres

د نقاشى برس

štětec

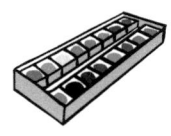

د نقاشى بكس

malířské potřeby

قیچي

nůžky

سریښ

lepidlo

د تمرین کتاب

cvičebnice

کورنۍ دنده

domácí úkol

12

شمیر

počet

2+2

جمع

sčítat

5-2

منفي

odčítat

2×2

ضرب

násobit

حساب

počítat

A

توری

písmeno

ABCDEFG HIJKLMN OPQRSTU VWXYZ

الفبا

abeceda

hello

کلمه

slovo

متن

text

لوستل

číst

تباشير

křída

درس

hodina

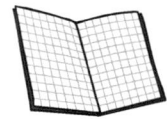

راجستّر

třídní kniha

ازموينه

zkouška

تصديق پاڼه

vysvědčení

د ښوونځي يونيفارم

školní uniforma

تعليم

vzdělání

دايره المعارف

encyklopedie

پوهنتون

univerzita

مايكروسكوپ

mikroskop

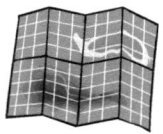

نقشه

karta

اشغالدانی

odpadkový koš na papír

سفر

cesta

هوټل
hotel
Grand
ليليه
ubytovna
ROOMS
د اسعارو د تبادلې دفتر
směnárna
EXCHANGE
بکس
kufr
موټر
auto

ژبه

jazyk

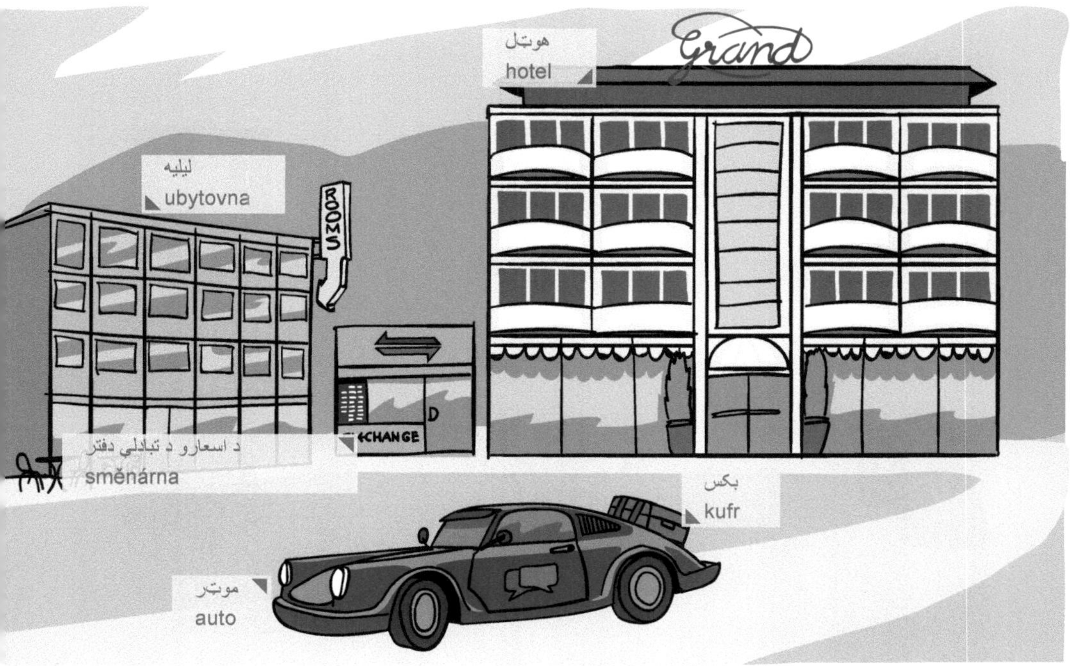

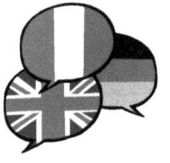

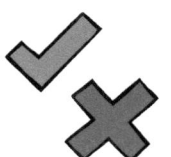

هو/نه

ano / ne

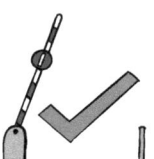

سمه ده

oukej

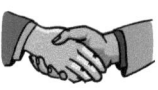

سلام

Ahoj!

ژباړونکی

překladatel

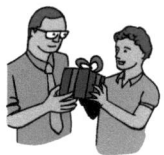

مننه

děkuji

څومره دي...؟

Kolik stojí...?

زه نه پوهیږم

nerozumím

ستونزه

problém

ماښام مو پخیر!

Dobrý večer!

سهار په خیر!

Dobré ráno!

شپه په خیر!

Dobrou noc!

په مخه مو ښه

na shledanou

لاریون

směr

سامان

zavazadlo

بیگ

taška

شاتنی بکس

batoh

میلمه

host

خونه

pokoj

د خوب کڅوړه

spací pytel

خیمه

stan

د توریزم معلومات

turistické informace

ساحل

pláž

کریدیت کارت

kreditní karta

ناری

snídaně

د غرمی خواړه

oběd

د شپی خواړه

večeře

ټیکټ

jízdenka

لفت

výtah

مهر

poštovní známka

پوله

hranice

کمرک

clo

سفارت

poselství

ویزه

vízum

پاسپورت

pas

ټرانسپورټ

transport

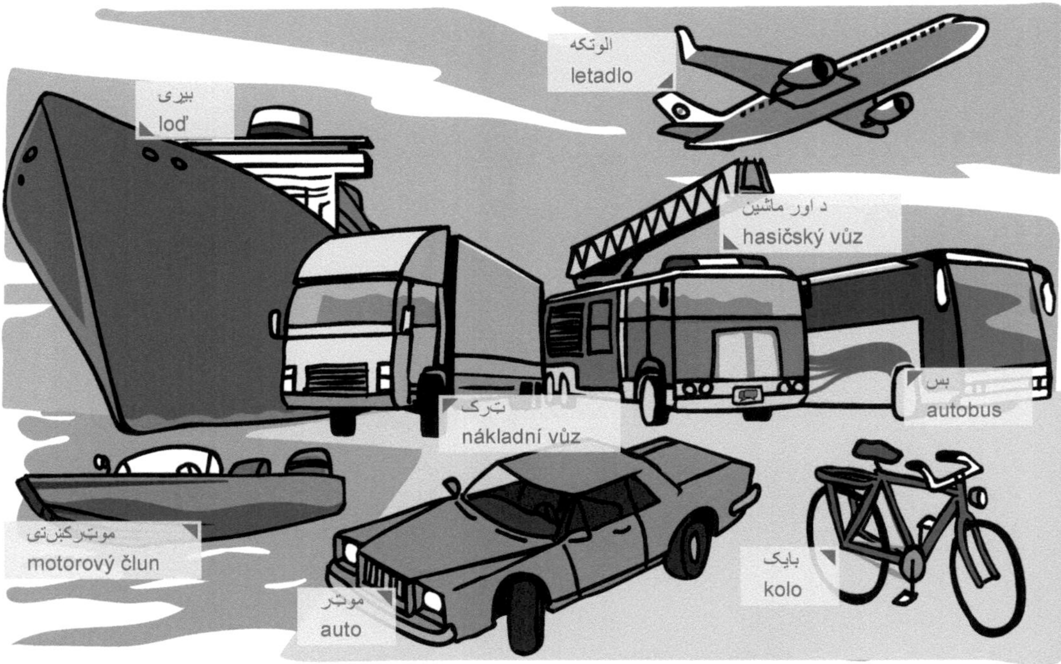
الوتکه
letadlo
بیړی
loď
د اور ماشین
hasičský vůz
ټرک
nákladní vůz
بس
autobus
موټرکښتی
motorový člun
بایک
kolo
موټر
auto

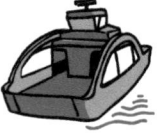

کښتی
....
přívoz

کښتی
....
člun

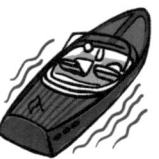

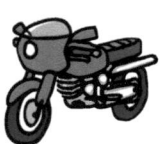

موټرسایکل
....
motorka

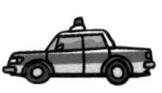

د پولیسو موټر
....
policejní auto

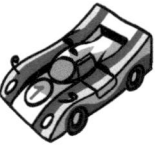

د ریس موټر
....
závodní auto

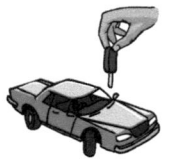

کرایی موټر
....
pronajaté auto

د کرایه موټری
sdílení aut

کرکټ ی‌کنورل لیقث‌جر
odtahová služba

کرکټ زویفیر
popelářský vůz

موټر
motor

سونګ توکي
palivo

پټرول سټيشن
čerpací stanice

ترافيکي نښه
dopravní značka

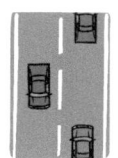

ترافيک
doprava

ترافيک جام
dopravní zácpa

د موټرو تمځای
parkoviště

د ريل سټيشن
vlakové nádraží

پاتکي
koleje

ريل
vlak

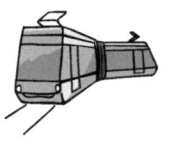

مارت
tramvaj

واګون
vagón

چورلکه

helikoptéra

هوايي ډګر

letiště

برج

věž

مسافر

pasažér

کانټينر

kontejner

کارتون

kartón

کارت

trakař

ټوکرۍ

koš

الوتنه کول/کښينستل

vzlétnout / přistát

کلی

vesnice

د ښار مرکز

střed města

کور

dům

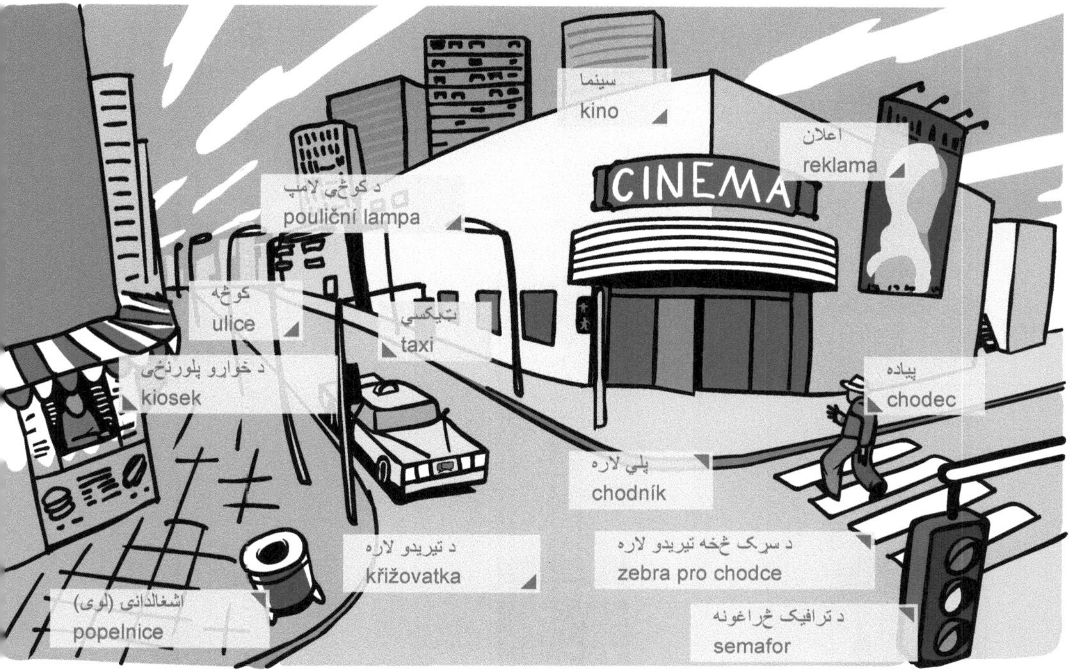

سینما
kino

اعلان
reklama

CINEMA

د کوڅې لامپ
pouliční lampa

ټیکسي
taxi

کوڅه
ulice

د خوارو پلورنځی
kiosek

پیاده
chodec

پلی لاره
chodník

د تیریدو لاره
křižovatka

د سرک څخه تیریدو لاره
zebra pro chodce

اشغالدانۍ (لوی)
popelnice

د ترافیک څراغونه
semafor

کوډله
chata

اپارتمان
byt

د ریل ستیشن
vlakové nádraží

ټاون هال
radnice

میوزیم
muzeum

ښوونځی
škola

پوهنتون

univerzita

بانک

banka

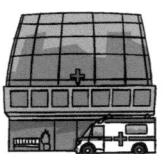

روغتون

nemocnice

هوتل

hotel

درملتون

lékárna

دفتر

kancelář

کتاب پلورنځی

knihkupectví

پلورنځی

obchod

د گلانو پلورنځی

květinářství

لوی پلورنځی

supermarket

مارکیت

tržnice

د دیپارتمنت ستور

obchodní dům

کب پلورنځی

rybárna

د پلور مرکز

nákupní centrum

لنگرتون

přístav

پارک

park

چینب

lavička

پل

most

زینه

schody

د خُمکی لاندی

metro

تونل

tunel

بس تمځای

autobusová zastávka

بار

bar

ریستّورانت

restaurace

پوست بکس

poštovní schránka

د کوڅی نښه

pouliční tabule

د پارک کولو میتر

parkovací hodiny

ژوبڼ

zoo

د لامبو حوض

plovárna

مسجد

mešita

كروونده

usedlost

ناپاکي

znečišťování životního prostředí

هدیره

hřbitov

چرچ

církev

د لوبو ډګر

hřiště

معبد/کلیسا

chrám

منظره

krajina

پاڼه / list

د لارښووني نښه / rozcestník

لاره / cesta

چمن / louka

کانۍ / kámen

هیکر / turista

ونه / strom

سیند / řeka

واښه / tráva

ګل / květina

دره
....
údolí

غوندی
....
hora

روان
....
jezero

ځنګل
....
les

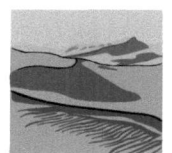

دښته
....
poušť

اورشیندی
....
sopka

کلا
....
zámek

رنگین کمان
....
duha

مرخیړی
....
houba

هونه ونه پلم
....
palma

ماشی
....
komár

الوتل
....
moucha

میږی
....
mravenec

مچۍ
....
včela

غوندی/جولا
....
pavouk

کونگت
....
brouk

چونگبشه
....
žába

نولی
....
veverka

زیرکی
....
ježek

سوی
....
zajíc

کونگ
....
sova

مرغی
....
pták

قازه
....
labuť

نرخوک
....
divoké prase

هوسی
....
jelen

گاوزه
....
los

بند
....
přehrada

بادي تورببین
....
větrné kolo

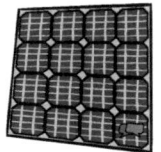

سولر تختی
....
solární panel

اقلیم
....
podnebí

پیشخدمت
číšník

مینو
jídelní lístek

چوکی
židle

سوپ
polévka

پیزا
pizza

بښاخی، چاقو، کاشوغه
příbor

د ميز تـوتـه
ubrus

ستارتر
předkrm

اصلي خواړه
hlavní chod

شیرني
dezert

څښاک
nápoje

خواړه
jídlo

بوتل
láhev

فاست فود

rychlé občerstvení

د کوڅي خواره

pouliční občerstvení

چای جوش

čajová konvice

قندانی

cukřenka

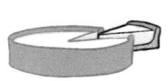

برخه

porce

اسپرسو مشین

kávovar na espresso

لوړه چوکی

dětská stolička

رسید

faktura

مجمه

tác

چاکو

nůž

پنجه

vidlička

قاشق

lžíce

چای قاشق

čajová lyžička

سورویت

ubrousek

گلاس

sklenička

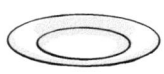

پلیت
....
talíř

د پوپ پلیت
....
talíř na polévku

کیبالان
....
podšálek

ساس
....
omáčka

مالکه شینیدونکی
....
slánka

خولو لولوکت چ مرد
....
mlýnek na pepř

سرکه
....
ocet

غوري
....
olej

مساله
....
koření

کچ اپ
....
kečup

مشرش
....
hořčice

چکه
....
majonéza

لوی پلورنځی
supermarket

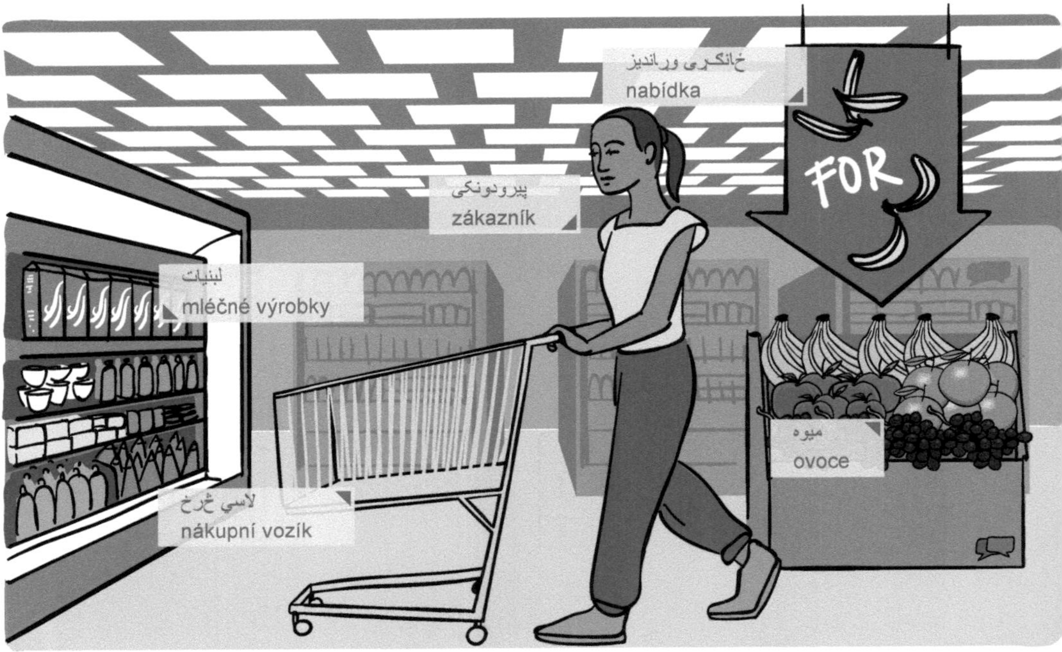

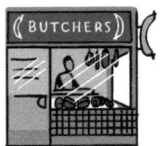

ځانګړی وړاندیز
nabídka
FOR
پیرودونکی
zákazník
لبنیات
mléčné výrobky
میوه
ovoce
لاسي ګرځ
nákupní vozík

BUTCHERS

قصابي

masna

BAKERY

نانوایی

pekařství

وزن کول

vážit

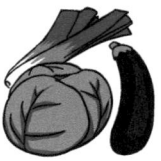

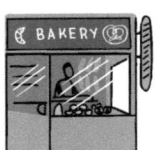

سبزیجات

zelenina

غوښه

maso

کنګل خواره

mražené potraviny

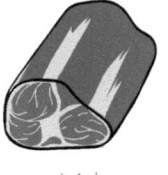

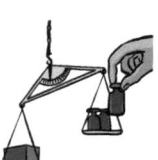

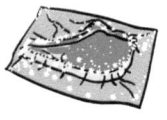

يخه غوبه

obložený talíř

كنسروا خواړه

konzervy

د مينځلو پودر

prací prášek

ښيريني

cukrovinky

كورني توليدات

výrobky pro domácnost

د پاكولو محصولات

čisticí prostředek

د پلور فرد

prodavačka

د نغدي راجستر

pokladna

فارص

pokladní

د پيرود ليست

nákupní seznam

كاري ساعتونه

otevírací doba

بټوه

peněženka

كريډيټ كارت

kreditní karta

كڅوړه

taška

پلاستيک كڅوړه

igelitová taška

لوی پلورنځی - supermarket 21

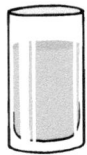

اوبه

voda

جوس

džus

شیده

mléko

کوک

kola

واین

víno

بیر

pivo

الکول

alkohol

ککاو

kakao

چای

čaj

کافي

káva

أسپرسو

espresso

کپچینو

kapučíno

كيله

banán

مڼه

jablko

نارنج

pomeranč

هندوانه

meloun

ليمو

citrón

گازره

mrkev

هوږه

česnek

بانكس

bambus

پياز

cibule

مرخيړي

houba

چغزى

ořechy

آش

těstoviny

سپیگیتـي

špageti

وریجی

rýže

سلاد

salát

چپس

hranolky

سره کري کچالو

americké brambory

پیزا

pizza

همبرگر

hamburger

ساندویچ

sendvič

کتره

řízek

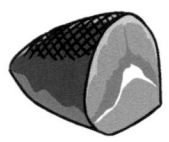

د پتون غوښه

šunka

سلمي

salám

ساسج

salám

چرگ

kuře

روسنت

pečeně

کب

ryby

د وریشی شیرني
ovesné vločky

موسلي
müsli

د جوار پلی
vločky

اوړه
mouka

کروسانت
croissant

د ډوډۍ رول
houska

ډوډۍ
chléb

ټوست
toast

بسکیټ
sušenky

کوچ
máslo

چکه
tvaroh

کیک
buchta

هګۍ
vejce

پښی هګۍ
volské oko

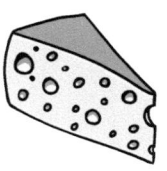

پنیر
sýr

آیس کریم
....
zmrzlina

بوره
....
cukr

شهد
....
med

مربا
....
marmeláda

نوگات کریم
....
nugátový krém

کورکمان
....
kari

کرونده

usedlost

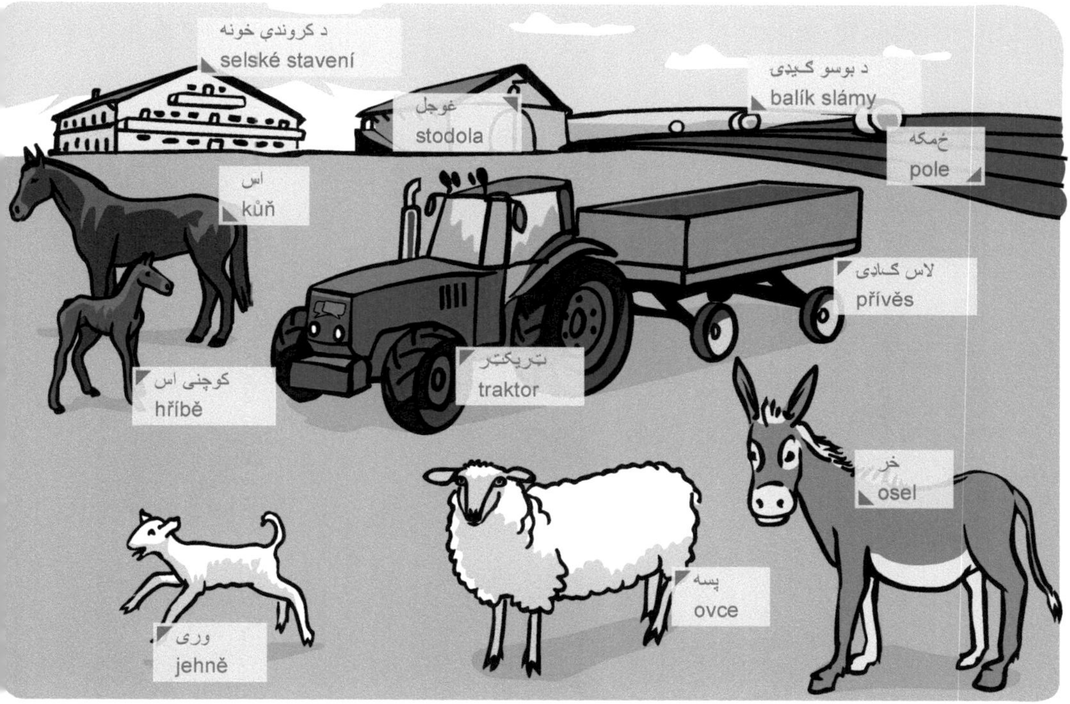

د کروندې خونه
selské stavení
غوجل
stodola
د بوسو گیډی
balík slámy
ځمکه
pole
اس
kůň
لاس گاډی
přívěs
ټریکټر
traktor
کوچنی اس
hříbě
خر
osel
پسه
ovce
وری
jehně

وزه

koza

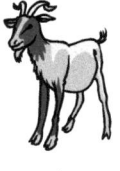

غوا

kráva

خوسکی

tele

خوک

prase

د خوک بچی

sele

غویی

býk

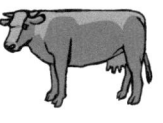

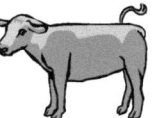

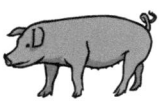

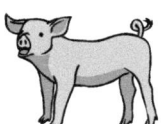

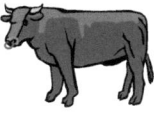

بتّه

husa

هيلۍ

kachna

چرګوړۍ

kuře

چرګه

slepice

بانګي

kohout

سارای موږک

krysa

پیشک

kočka

موږک

myš

غویی

vůl

سپی

pes

د سپي خونه

psí bouda

د باغ هوز

zahradní hadice

د اوبو لوخی

kropicí konev

لور (داس)

kosa

یوی

pluh

لور
....
srp

رمبی
....
motyka

ښاخی
....
vidle

تبر
....
sekera

کراچی
....
kolecko

ناوه
....
koryto

د شیدو لوخی
....
konev na mléko

جوال
....
pytel

کتاره
....
plot

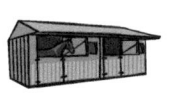

مضبوط
....
stáj

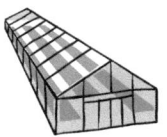

شنه خونه
....
skleník

خاوره
....
půda

تخم
....
osivo

سره/کود
....
hnojivo

کد ریبونکی ماشین
....
kombajn

زيرمه كول

sklidit

درمند

sklizeň

خواړه كچالو

smldinec

غنم

pšenice

سويا

sója

كچالو

brambora

جوار

kukuřice

نباتي تخم

řepka

د ميوی ونه

ovocný strom

مانيوك

maniok

غله

obilí

درڅه
komín

بام
střecha

ناودان
okap

کرکۍ
okno

کراج
garáž

د دروازي زنګ
zvonek

دروازه
dveře

اشغالدانی
popelnice

د ليک بکس
dopisní schránka

باغ
zahrada

د اوسيدو خونه

obývací pokoj

حمام

koupelna

پخلنځی

kuchyně

د ويده کيدو خونه

ložnice

د ماشوم خونه

dětský pokoj

د خوارو خونه

jídelna

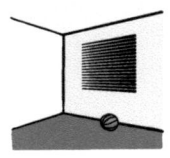

فرش

podlaha

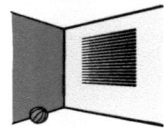

لوديا

zeď

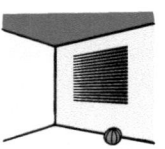

چت

deka

زيرخانه

sklep

ساونا

sauna

بالكوني

balkón

سراست

terasa

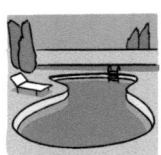

حوض

bazén

د چمن وهلو ماشين

sekačka na trávu

شيت

ložní prádlo

روجایی

lůžková přikrývka

تَخت

postel

جارو

smeták

بوكه

kýbl

سويچ

vypínač

د اوسیدو خونه

obývací pokoj

والپیپر
tapeta
عکس
obrázek
لامپ
žárovka
شیلف
police
الماری
skříň
تلویزیون
televizor
نغری
komín
ګل
květina
بالښت
polštář
صوفه
gauč
ګلدانی
váza
ریموټ کنټرول
dálkový ovladač

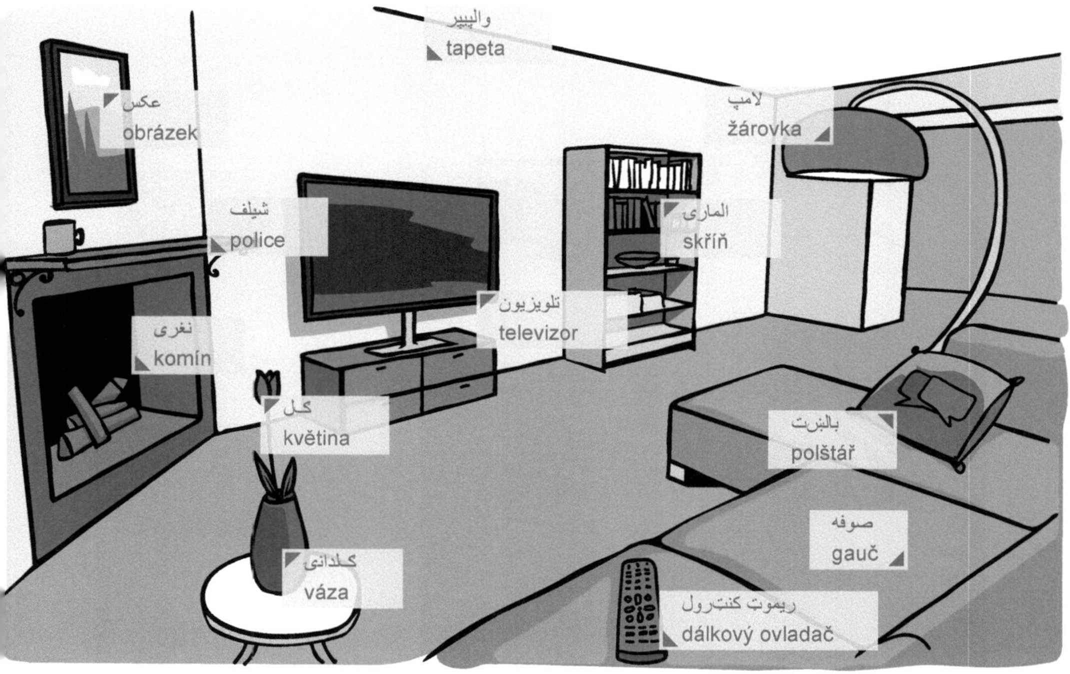

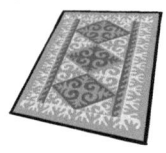

غالی

koberec

پرده

závěs

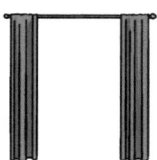

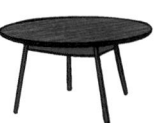

میز

stůl

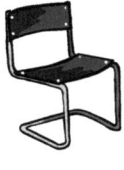

چوکی

židle

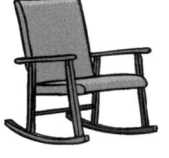

تاویدونکي چوکی

houpací křeslo

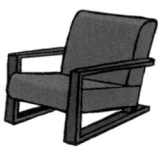

بازو لرونکی چوکی

křeslo

کتاب

kniha

کمبل

strop

ډیکوریشن

ozdoba

د اور لرکي

palivové dříví

فلم

film

هایفای

stereo souprava

کلي

klíč

ورځپانه

noviny

نقاشي

malba

پوستر

plakát

رادیو

rádio

کتابچه

poznámkový blok

واکیوم جارو

vysavač

کاکتوس

kaktus

شمع

svíce

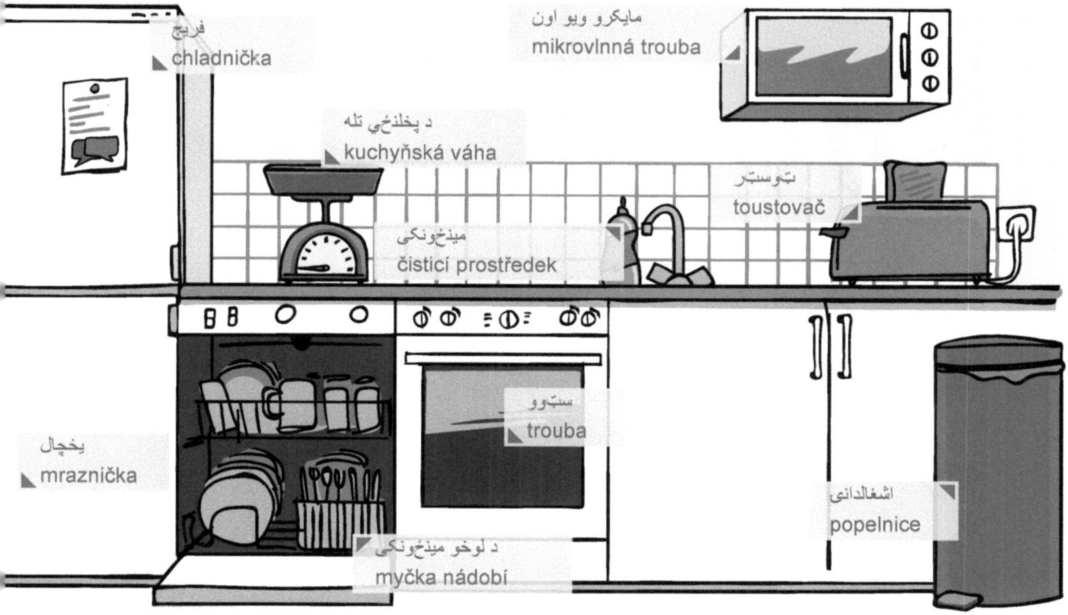

فريج
chladnička

مایکرو ویو اون
mikrovlnná trouba

د پخلنځي تله
kuchyňská váha

تۆستر
toustovač

مینځونکی
čisticí prostředek

ستۆو
trouba

یخچال
mraznička

اشغالدانی
popelnice

د لوخو مینځونکی
myčka nádobí

دیگ بخار
sporák

لوخی
hrnec

چدني لوخی
litinový hrnec

ووک
wok / kadai

د تلی په
pánev

چای جوش
varná konvice

د بخار ديگ

parní hrnec

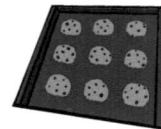

پتنوس

plech na pečení

لوخي

nádobí

مگ

hrnek

كاسه

miska

د رانيولو اوزار

jídelní hůlky

څمڅى

naběračka

كفګير

obracečka

پاكونكى

metla

صافي

síto

غلبيل

cedník

ګريتر

struhadlo

اونګ

hmoždíř

بار بي كيو

gril

خلاص اور

ohniště

تخته

prkénko na krájení

هواورنکی

váleček na těsto

کارک سکریو

vývrtka

تِیم

dóza

د تِیم خلاصونکی

otvírák na konzervy

د لوخي تِوتِه

chňapka

ظرف شوی

umyvadlo

برس

kartáč na nádobí

سپنج

houba

بلیندر

mixér

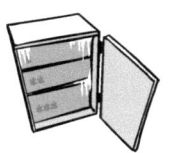

ژور یخچال

mrazák

د ماشوم بوتل

dětská lahev

نل

kohoutek

حمام

koupelna

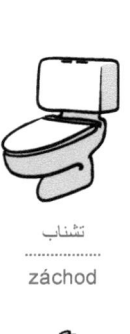

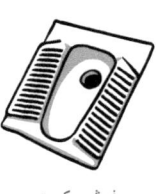

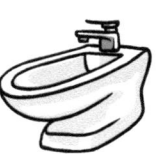

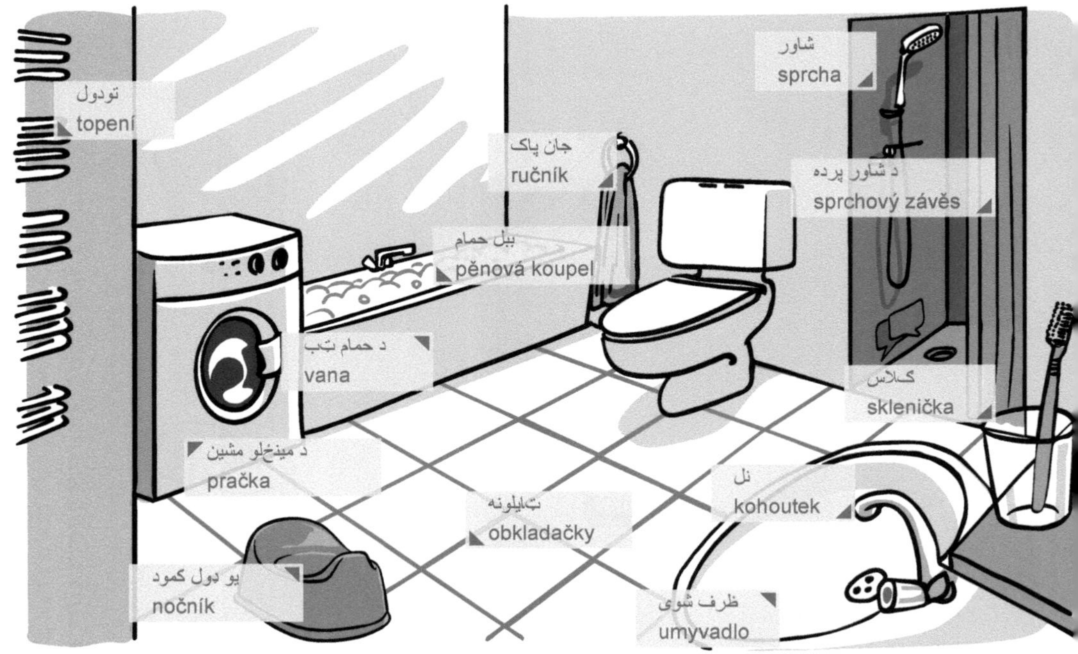

توډول
topení
شاور
sprcha
جان پاک
ručník
د شاور پرده
sprchový závěs
ببل حمام
pěnová koupel
د حمام ټب
vana
ګلاس
sklenička
د مينځلو مشين
pračka
نل
kohoutek
ټايلونه
obkladačky
يو ډول کمود
nočník
ظرف شوی
umyvadlo

تشناب

....

záchod

فرشي کمود

....

turecký záchod

کمود

....

bidet

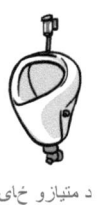

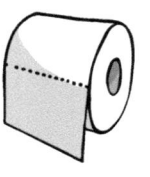

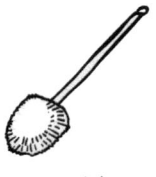

د متيازو ځای

....

pisoár

تشناب کاغذ

....

toaletní papír

د تشناب برس

....

záchodová štětka

د غاښونو برس

zubní kartáček

د غاښونو کريم

zubní pasta

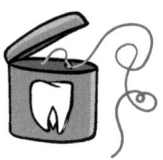

د غاښونو نخ

zubní niť

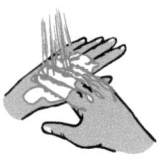

مينځل

mýt

لاسي شاور

ruční sprcha

شوډ

intimní sprcha

خانک

umyvadlo

د شا برس

kartáč na záda

صابون

mýdlo

د شاور ژل

sprchový gel

شامپو

šampón

فلانل جامه

žínka

وچول

odpad

کريم

krém

سپری

deodorant

آينه

zrcadlo

آينه لاسي

kosmetické zrcátko

ريزر

holicí strojek

د خريلو فوم

pěna na holení

د خريلو وروسته

voda po holení

كمذخ

hřeben

برس

kartáč

د ويښتانو وچونكى

fén

د ويښتانو سپرى

lak na vlasy

ميك اپ

makeup

ليپ ستيك

rtěnka

د نوكانو پالش

lak na nehty

كاتن ورى

vata

ناخن گير

nůžky na nehty

عطر

parfém

د مينځلو كڅوړه

taška s toaletními potřebami

ستُول

stolička

د وزن كولو تله

váha

د حمام پوښاک

župan

د ربر دستكش

gumové rukavice

تَامپون

tampón

صحيى جان پاك

dámská vložka

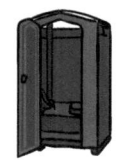

كيميكل تشناب

chemická toaleta

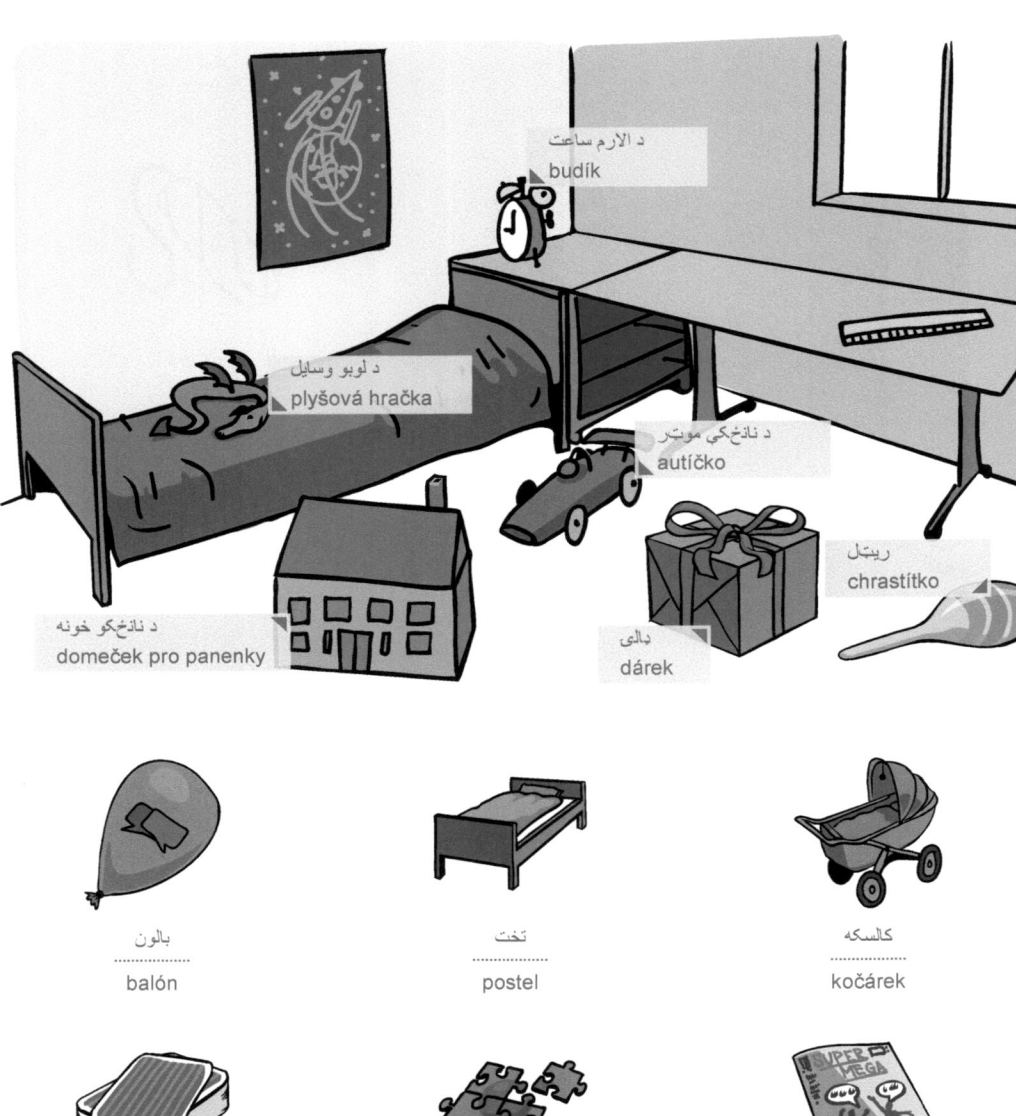

د الارم ساعت
budík

د لوبو وسايل
plyšová hračka

د ناذخکي موټر
autíčko

ریټل
chrastítko

د ناذخکو خونه
domeček pro panenky

ډالۍ
dárek

بالون
balón

تخت
postel

کالسکه
kočárek

د لوبو ورقّی
balíček karet

جیګسا
puzzle

مسخره
komiks

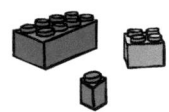

ليګو بريک

lego kostky

د ناذخکو بلاک

stavebnice

د اکشن فيګور

akční figurka

د ماشوم پوښاک

dupačky

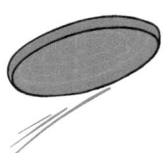

فريزبي

frisbee

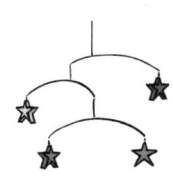

موبايل

závěsné hračky nad
postýlku

بورډ لوبه

desková hra

تاس

kostky

مادل ريل سيټ

modelová železnice

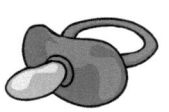

ګونګښى

dudlík

پارتي

oslava

د عکسونو البوم

obrázková kniha

بال

míč

ناذخکه

panenka

لوبيدل

hrát si

د ښګو کنده

pískoviště

سوينګ

houpačka

ناڅخکی

hračky

د ويديو لوبو کنسول

hrací konzole

ټرای سايکل

tříkolka

کوډکه

medvídek

د کالو الماری

šatník

پوښاک

oblečení

جرابی

ponožky

لوړی جرابی

punčochy

ټایټس

punčochové kalhoty

زروکی
šála

کمربند
pásek

چتری
deštník

نتی شرت
tričko

سنیکر
tenisky

بوتان
kozačky

سلیپر
domácí obuv

سینډل
sandály

بوتان
obuv

د ربر بوتان
holínky

زیرنیکري
spodní prádlo

سینه بند
podprsenka

واسکټ
nátělník

بادي

body

پتلون

kalhoty

جينز

džíny

لمن

sukně

بلاوز

blůza

شرت

košile

بنيان

svetr

سويتّر

mikina

بليزر

blejzr

جاكت

bunda

كوت

kabát

د باران كوت

pláštěnka

پوښاک

kostým

كالي

šaty

د واده پوښاک

svatební šaty

دريشي
oblek

د شپې پوښاک
noční košile

پاجامه
pyžamo

ساري
sárí

لوپټه
šátek na hlavu

پټکی
turban

برقه
burka

كفتن
kaftan

عبا
abája

د لامبو پوښاک
plavky

نيکر
pánské plavky

شارټ
kraťasy

د ځغاستی پوښاک
tepláková souprava

پيش بند
zástěra

دستکش
rukavice

ببتَن

knoflík

عینک

brýle

لا س بند

náramek

غاړه کی

náhrdelník

کوتمه

prsten

غوږوالی

náušnice

خولی

čepice

کوتَ بند

ramínko

خولی

klobouk

تَایی

kravata

خُدَخیر

zip

هیلمیتَ

helma

تَرونکی

kšandy

د ښوونځي یونیفارم

školní uniforma

یونیفارم

uniforma

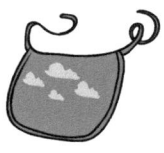

بیب
....
bryndák

کونکشی
....
dudlík

نيپي
....
plena

دفتر
kancelář

سرور
server
د دوسیه الماری
kartotéka
پرینټر
tiskárna
ورق
papír
مانیټور
monitor
ډیسک
psací stůl
ماوس
myš
فولډر
šanon
کي بورډ
klávesnice
اشغالدانی
odpadkový koš na papír
کمپیوټر
počítač
چوکۍ
židle

د کافي پیاله
....
hrnek na kávu

کالکولیټر
....
kalkulačka

انټرنیټ
....
internet

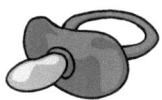

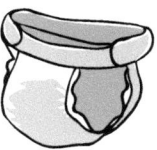

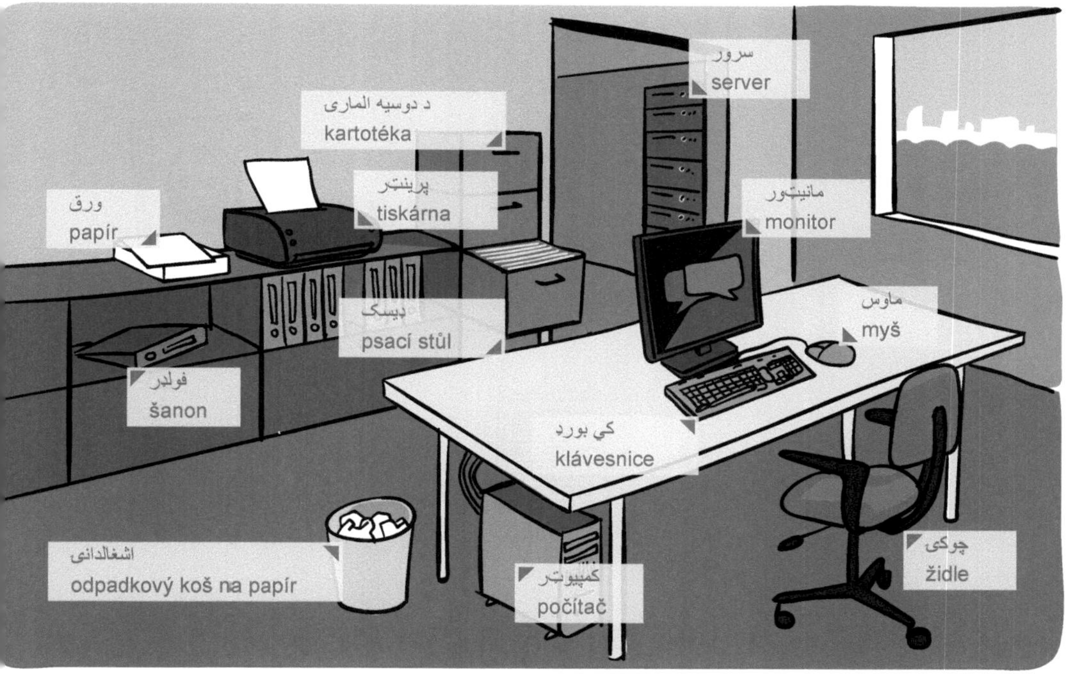

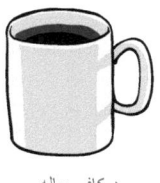

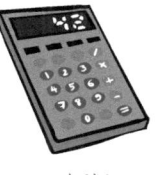

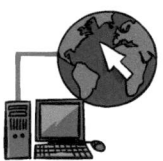

لپ ټاپ
notebook

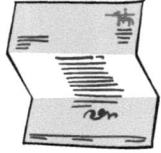

ليک
dopis

پيغام
zpráva

موبايل
mobil

نيټورک
síť

فوټوکاپير
kopírka

سافټوير
software

تلیفون
telefon

پلک ساکټ
zásuvka

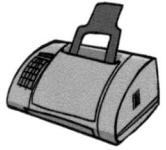

فکس مشين
fax

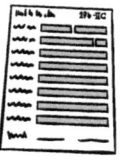

فارم
formulář

سند
dokument

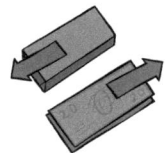

لرپ

nakupovat

لوك هیدات

zaplatit

لوك يركادوس

jednat

یسیپ

peníze

رالد

dolar

وروی

euro

ین

jen

لبر

rubl

کنارف يسیوس

frank

ناوی ینبمینیر

juan

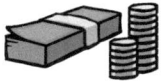

یپور

rupie

ىاخ وسیپ يدغن د

bankomat

د اسعارو د تبادلي دفتر

sm**ě**nárna

سره زر

zlato

سپين زر

stříbro

تیل

olej

انرژي

energie

نرخ

cena

قرارداد

smlouva

ماليه

daň

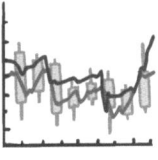

اسهام

akcie

کار کول

pracovat

کارمند

zaměstnanec

کار ګوومارونکی

zaměstnavatel

فابریکه

tovární

پلورنځی

obchod

مسلکونه

povolání

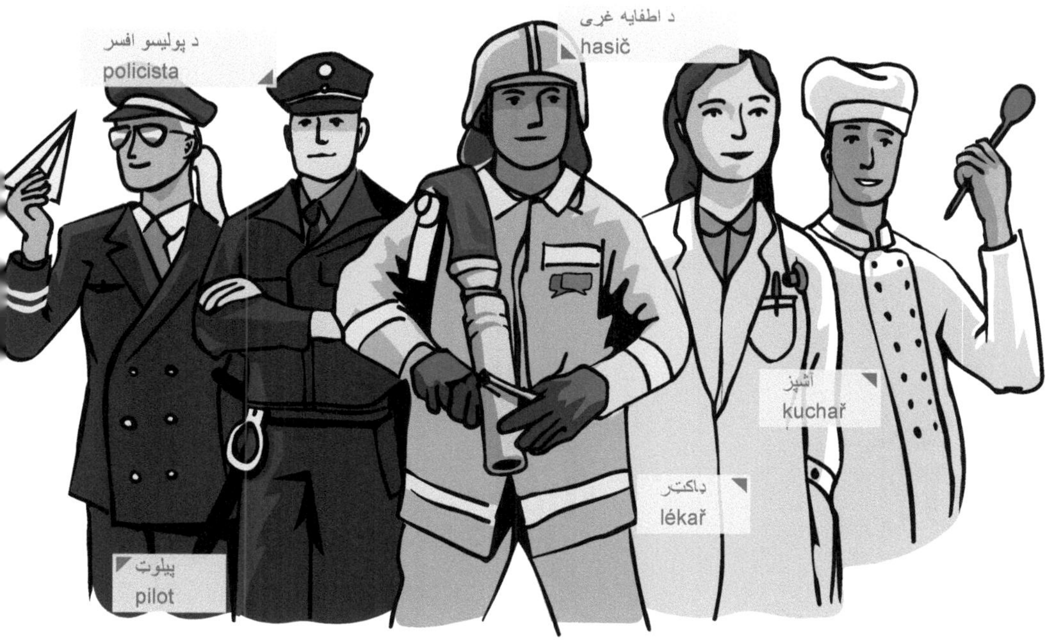

د پولیسو افسر
policista
د اطفایه غړی
hasič
آشپز
kuchař
ډاکټر
lékař
پیلوټ
pilot

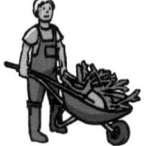

باغوان
zahradník

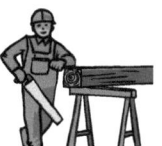

نجار
truhlář

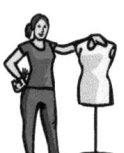

خیاط
švadlena

قاضي
soudce

کیمیا پوه
chemik

د فلم لوبغاړی
herec

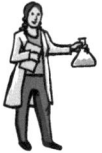

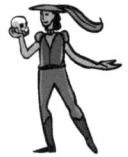

د بس ډرايور

řidič autobusu

د ټيکسي ډرايور

řidič taxi

کب نيونکی

rybář

خدمه

uklízečka

بام جوړونکی

pokrývač

پيشخدمت

číšník

ښکاري

myslivec

نقاش

malíř

نانوا

pekař

د بريښنا کارکونکی

elektrikář

تعمير جوړونکی

stavební dělník

انجنير

inženýr

قصاب

řezník

نلدوان

klempíř

پوست رسونکی

listonoš

سرتیری

voják

مهندس

architekt

صراف

pokladní

مالیار

florista

نایی

kadeřník

کلیندر

průvodčí

میکانیک

mechanik

کیتان

kapitán

د غابښونو ډاکتر

zubař

ساینس پوه

vědec

شاغلی

rabín

امام

imám

مذهبي نفر

mnich

پادري

duchovní

لوازم
nářadí

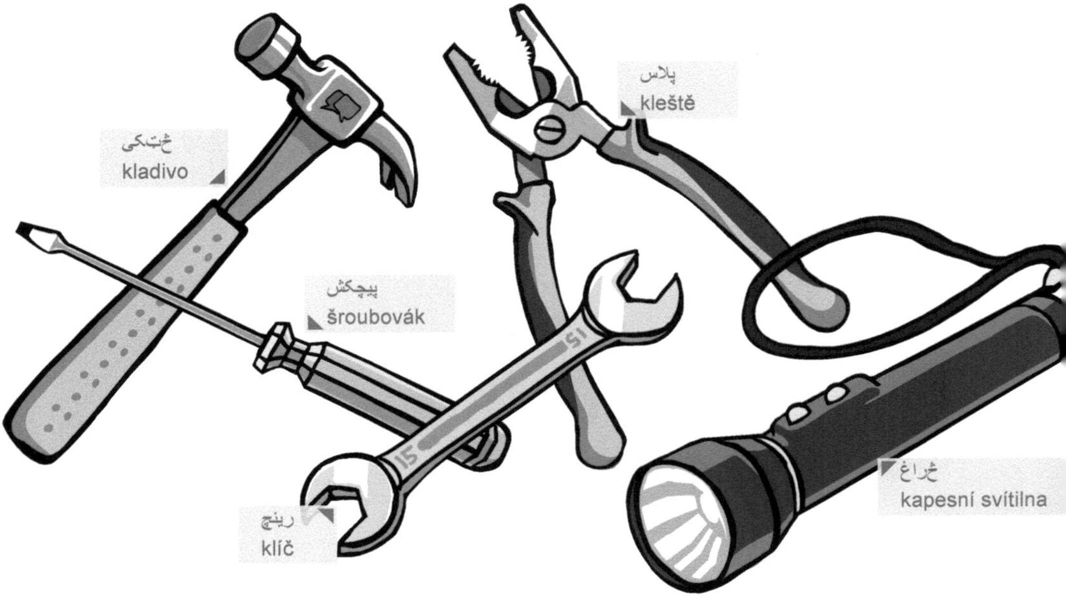
څټکی
kladivo
پلاس
kleště
پیچکش
šroubovák
رینچ
klíč
څراغ
kapesní svítilna

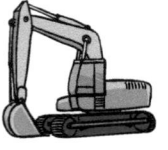

کنستونکی

bagr

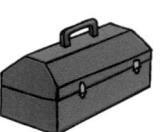

د لوازمو بکس

skříň na nářadí

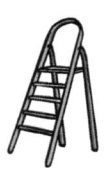

زینه

žebřík

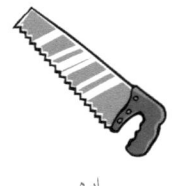

اره

pila

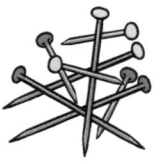

میخونه

hřebíky

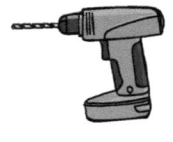

برمه

vrtačka

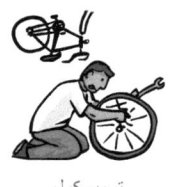

ترمیم کول

opravit

بیل

lopata

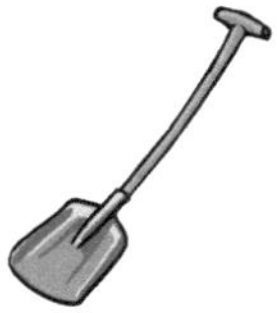

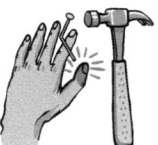

لعنت!

Kurva!

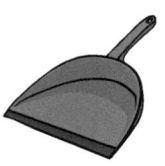

خاک انداز

lopatka

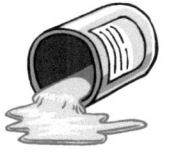

مشوانړی

vědroé na barvu

پیچونه

šrouby

د میوزیک آلات

hudební nástroje

لاود سپیکر
reproduktor
درم سیټ
bicí
کنټرباس
kontrabas
ټرومپیټ
trubka
ګیتار
kytara

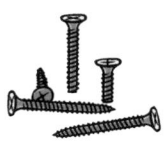

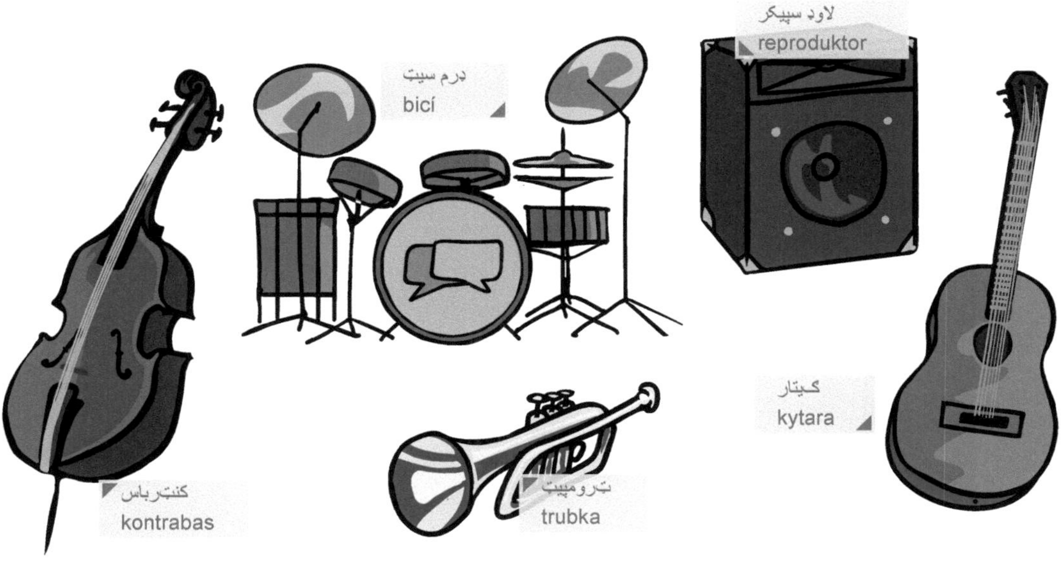

پیانو

klavír

وایلن

housle

باس

basa

نغاره

tympán

درمونه

bubny

کي بورډ

keyboard

سیکسافون

saxofon

شپیلی

flétna

مایکروفون

mikrofon

ژوبڼ

zoo

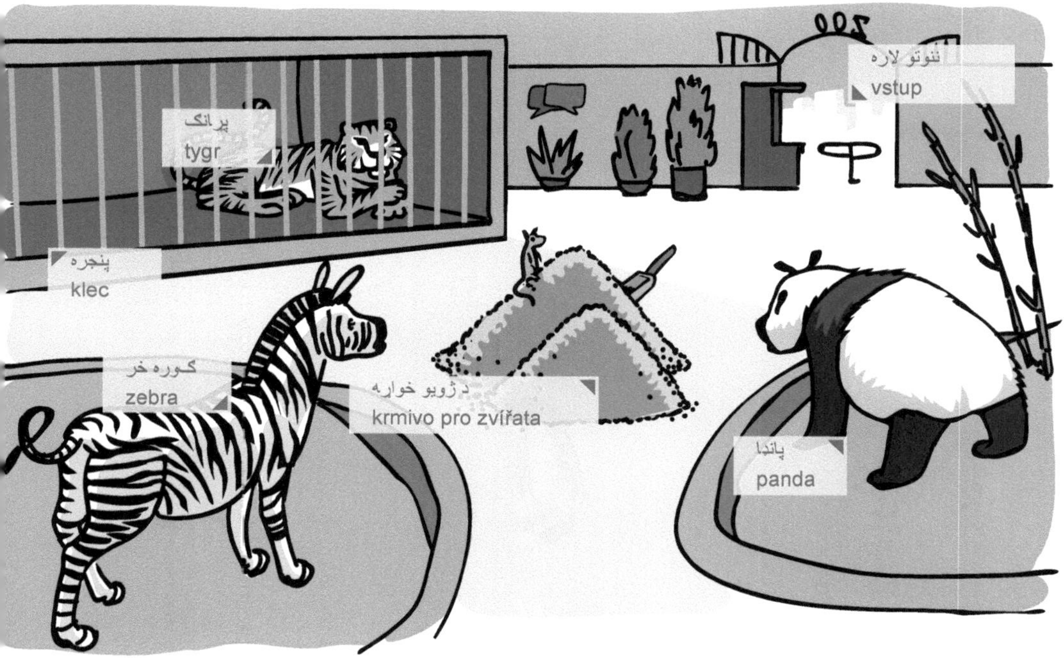
پرانګ
tygr
پنجره
klec
ګوره خر
zebra
د ژويو خواره
krmivo pro zvířata
پاندا
panda
ننوتو لاره
vstup

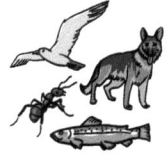

ژوی

zvířata

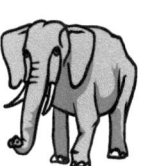

هاتي

slon

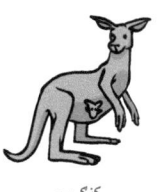

کنګرو

klokan

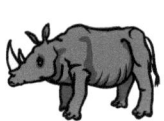

د اوبو اسپ

nosorožec

ګوريلا

gorila

ایږه

medvěd

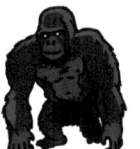

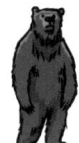

اوښ

velbloud

شترمرغ

pštros

زمری

lev

بيزو

opice

غزی

plameňák

طوطي

papoušek

قطبي ايږه

lední medvěd

پينگوين

tučňák

شارک

žralok

طاوس

páv

مار

had

تمساح

krokodýl

ژوبن ساتونکی

ošetřovatel zvířat

سيل

tuleň

جگوار

jaguár

یابو
poník

پرانگ
leopard

هیپو
hroch

زرافه
žirafa

باز
orel

نرخوک
divoké prase

کب
ryby

شمشتی
želva

سمندري نولی
mrož

گیدره
liška

هوسی
gazela

امریکایی فټبال
americký fotbal

سایکل ځغلول
cyklistika

تنیس
tenis

باسکیتبال
košíková

لامبو
plavání

باکسینگ
box

د کنګل هاکي
lední hokej

فټبال
kopaná

کسیزه
badminton

د خغاستي لوبی
lehká atletika

د هندبال
házená

سکي
běh na lyžích

پولو
vodní pólo

خندل
smát se

تـوپ وهل
skočit

غاړه ورکول
objímat

کرحُیدل
jít

سندرۍ ویل
zpívat

خوب لیدل
snít

عبادت کول
modlit se

مچو کول
políbit

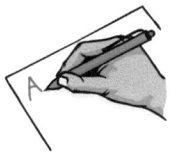

لیکل
psát

کښنل
kreslit

ښوودل
ukazovat

تـیله کول
tlačit

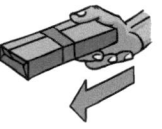

ورکول
dát

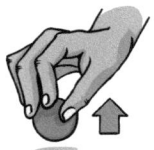

اخیستل
vzít si

لدلولدر

mít

كول

dělat

لدییاپ

být

لدیردو

stát

لهو یدنم

běhat

لنتكار

táhnout

لرازوـك

hodit

لدیول

padat

لتسالمخ

ležet

انتظار كول

čekat

لرو

nosit

لتسانینکـ

sedět

پوښاك اغوستل

oblékat

ویده كیدل

spát

پاڅیدل

vzbudit se

کتل

prohlédnout si

ژړل

plakat

بریدکول

pohladit

کـمذخ کول

česat

خبری کول

hovořit

پوهیدل

rozumět

غوښتل

ptát se

اوریدل

slyšet

څښل

pít

خورل

jíst

پاکول

uklidit

مینه کول

milovat

پخلی کول

vařit

موټر چلول

jet

الوتل

letět

بیری چلول

plachtit

حساب

počítat

لوستل

číst

زده کول

učit se

کار کول

pracovat

واده کول

vzít si

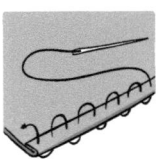

ګنډل

šít

د غاښونو برس کول

čistit si zuby

وژل

zabít

سګرټ څکښل

kouřit

لیږل

poslat

rodina

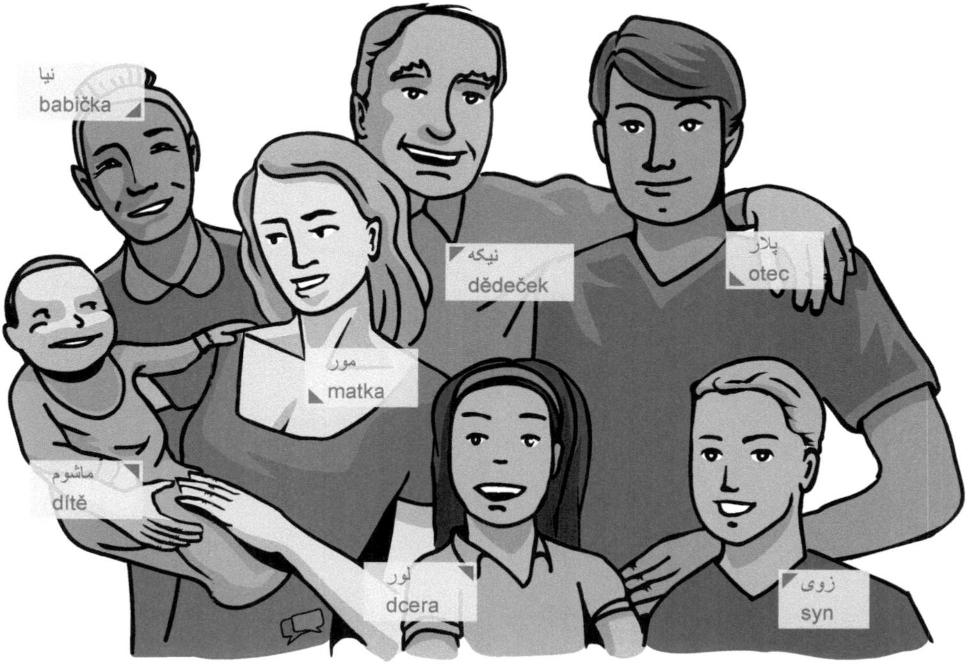

نیا
babička
نیکه
dědeček
پلار
otec
مور
matka
ماشوم
dítě
لور
dcera
زوی
syn

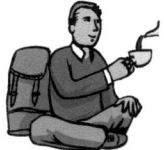

میلمه

host

ترور

teta

کاکا/ماما

strýc

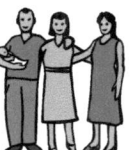

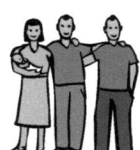

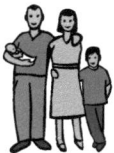

ورور

bratr

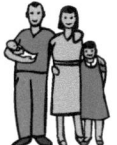

خور

sestra

بدن

tělo

تندی
čelo
سترګې
oko
اوږه
rameno
ګوته
prst
مخ
obličej
زنه
brada
لاس
ruka
پښه
dolní končetina
سینه
hruď
مټ
paže

ماشوم
dítě

سړی
muž

ښځه
žena

انجلۍ
dívka

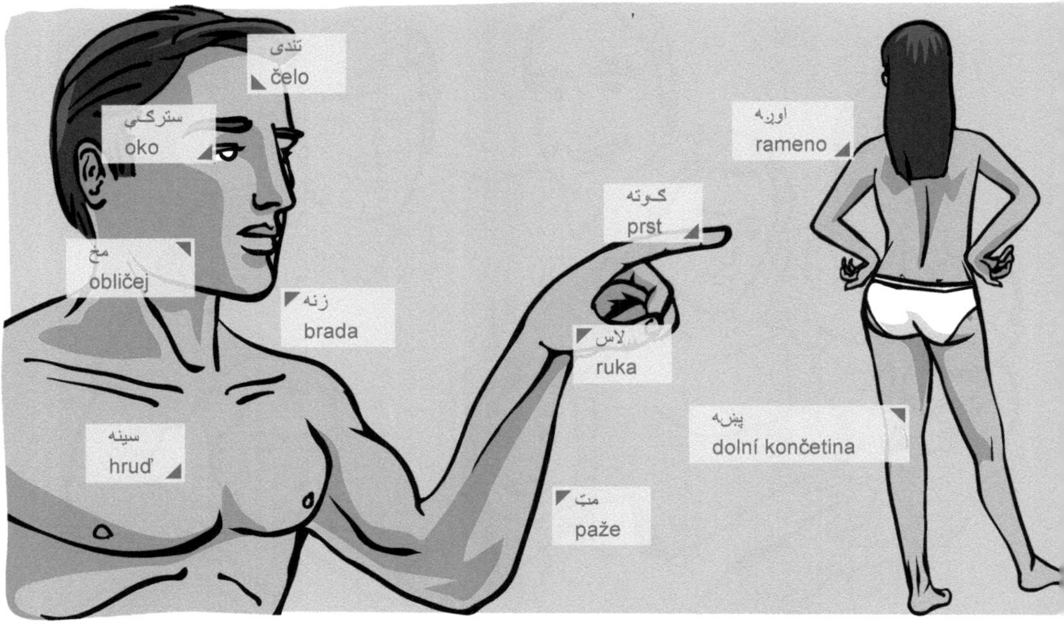

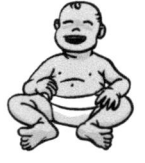

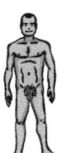

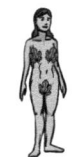

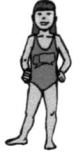

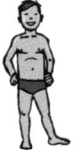

هلک
chlapec

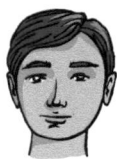

سر
hlava

شا

záda

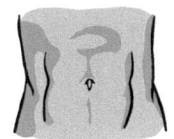

خیته

břicho

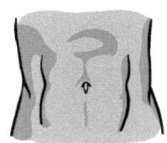

نوم

pupík

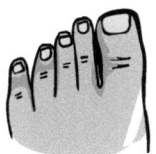

د پښې ګوته

prst na noze

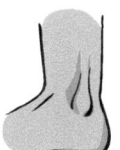

پونده

pata

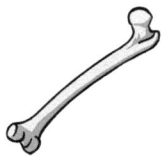

هډوکی

kost

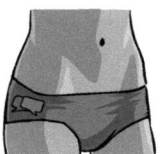

کوناټی

bok

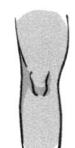

زنګون

koleno

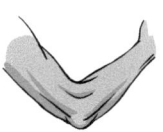

څنګل

loket

پوزه

nos

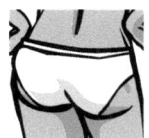

لاندی برخه

zadek

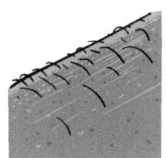

پوټکی

kůže

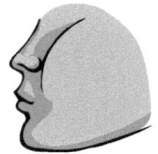

غومبوری

tvář

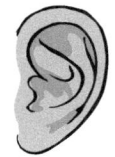

غوږ

ucho

شونډه

ret

خوله

ústa

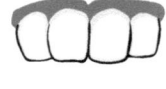

غاښ

zub

ژبه

jazyk

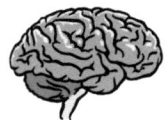

مغز

mozek

زره

srdce

عضله

sval

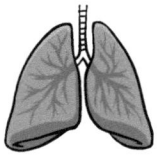

سږی

plíce

ځيګر

játra

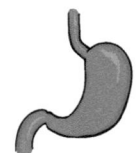

معده

žaludek

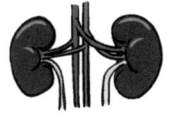

پښتورګي

ledviny

جنسي نږدي والی

pohlavní styk

كاندوم

kondom

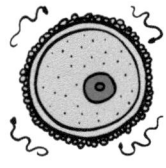

تخمه

vajíčko

مني

sperma

حمل

těhotenství

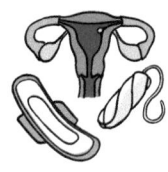

حيض

menstruace

مهبل

vagina

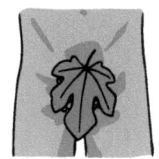

د نارينه تناسلي آله

penis

وروخی

obočí

ويښته

vlasy

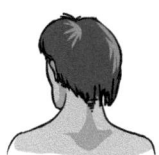

غاړه

krk

روغتون

nemocnice

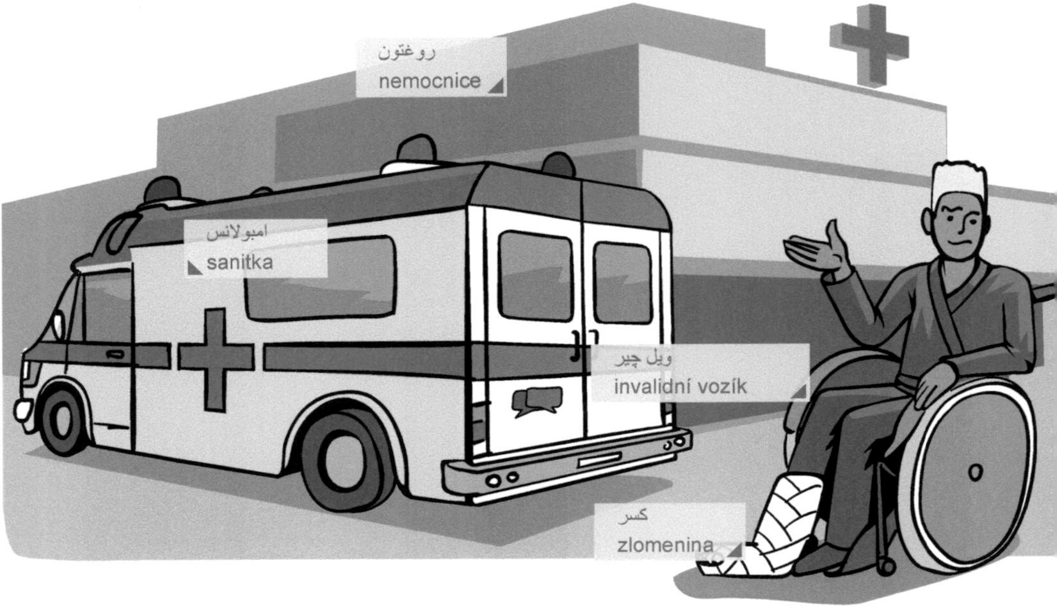

روغتون
nemocnice
امبولانس
sanitka
ویل چیر
invalidní vozík
کسر
zlomenina

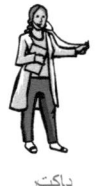

داکتر

lékař

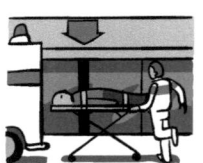

عاجل خونه

pohotovost

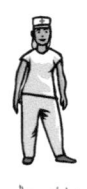

رنځورپال

zdravotní sestra

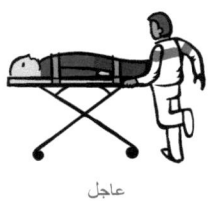

عاجل

urgentní případ

بې هوش

v bezvědomí

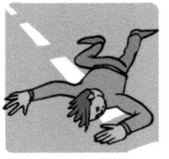

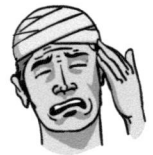

درد

bolest

پَتَه
....
úraz

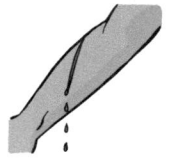

لدیوت ہنیو
....
krvácení

د ز رہ حملہ
....
infarkt myokardu

بربض
....
cévní mozková příhoda

تیساسح
....
alergie

خوَّتی
....
kašel

تیہ
....
horečka

ازنیولفنا
....
chřipka

نس ناستی
....
průjem

سر درد
....
bolest hlavy

ناطرس
....
rakovina

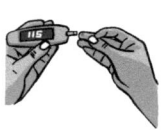

شکر
....
cukrovka

حارج
....
chirurg

لپلاکس
....
skalpel

تایلمع
....
operace

سی.تی

CT

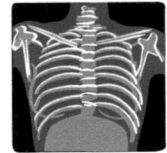

ری ایکس

rentgen

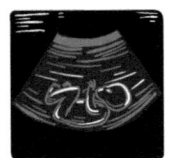

التراساوند

ultrazvuk

ماسک خم د

maska

غیوران

nemoc

انتظار خونه

čekárna

آسما

berle

پلستر

náplast

بنداژ

obvaz

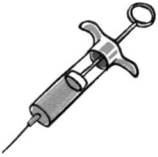

قزریت

injekce

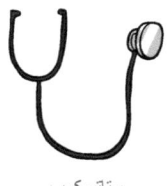

ستاتسکوپ

stetoskop

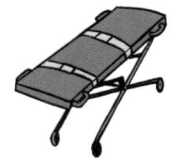

تسکیره

nosítka

کلینکي ترمامیتر

teploměr

زیږون

porod

زیات وزن

nadváha

د اوريدو مرسته

naslouchátko

د عفونيت څخه پاكونكي مواد

dezinfekční prostředek

عفونيت

infekce

ويروس

virus

ايدز/ايچ.آی.وی.اېچ

HIV / AIDS

درمل

lékařství

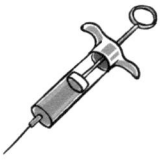

واكسين

očkování

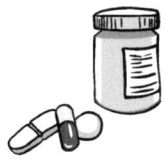

ټابلېټت

tablety

ګولۍ

pilulka

عاجل تلیفون

tísňové volání

د ويني د فشار څارونكی

tonometr

غوړ/لاروغان

nemocný / zdravý

مرسته!

Pomoc!

الارم

poplach

يرغل

přepadení

بريد

napadení

خطر

nebezpečí

عاجل لاره

nouzový východ

اور!

Hoří!

د اور وژونکی

hasicí přístroj

پېښه

nehoda

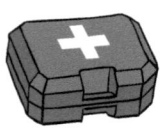

د لومړی مرستې لوازم

zdravotnická brašna

ايس.او.ايس

SOS

پوليس

policie

اروپا

Evropa

شمالي امریکا

Severní Amerika

سهیلي امریکا

Jižní Amerika

افریقا

Afrika

آسیا

Asie

آسټریلیا

Austrálie

اتلانتیک

Atlantik

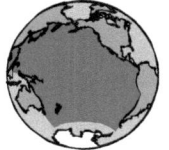

پاسیفیک

Pacifik

د هند بحر

Indický oceán

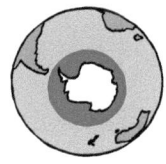

جنوبي منجمد بحر

Jižní ledový oceán

د شمال قطب بحر

Severní ledový oceán

شمالي قطب

severní pól

سهيلي قطب

jižní pól

انتباركتيكا

Antarktida

خمکه

země

خمکه

pevnina

بحر

moře

ټاپو

ostrov

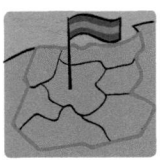

ملت

národ

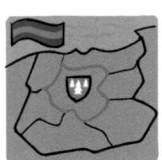

دولت

stát

د مخی ساعت

ciferník

د ساعت ستنه

hodinová ručička

د دقیقی ستنه

minutová ručička

د ثانیی ستنه

vteřinová ručička

څه وخت دی؟

Kolik je hodin?

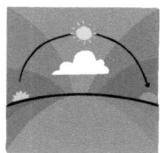

ورځ

den

وخت

čas

اوس

teď

ډیجیتل ساعت

digitální hodinky

دقیقه

minuta

ساعت

hodina

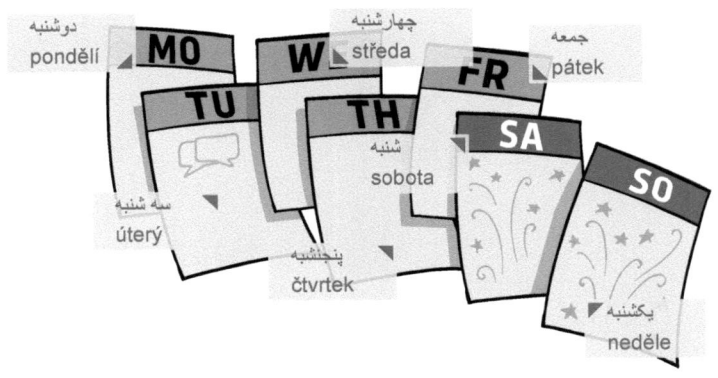

دوشنبه
pondělí

چهارشنبه
středa

جمعه
pátek

سه‌شنبه
úterý

شنبه
sobota

پنجشنبه
čtvrtek

یکشنبه
neděle

پرون
včera

نن
dnes

سبا
zítra

سهار
ráno

غرمه
poledne

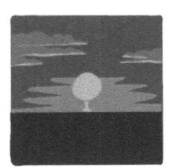

ماښام
večer

MO TU WE TH FR SA SU
کاري ورځی
pracovní dny

MO TU WE TH FR SA SU
د اونۍ پای
víkend

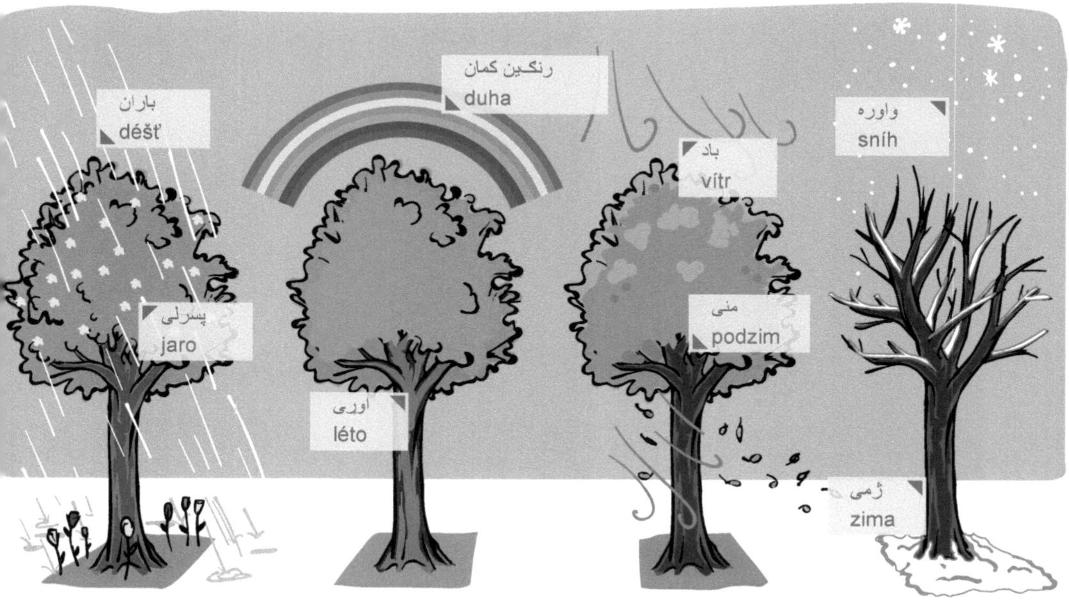

باران
déšť

رنگین کمان
duha

باد
vítr

واوره
sníh

پسرلی
jaro

منی
podzim

اوړی
léto

ژمی
zima

4.APRIL	11°	☀
5.APRIL	4°	
6.APRIL	13°	
7.APRIL	8°	❄
8.APRIL	10°	☀

د موسم وړاندوينه

předpověď počasí

ترمومیټر

teploměr

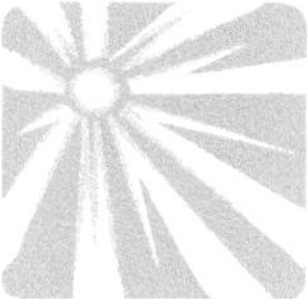

د لمر وړانګی

sluneční svit

وریځ

mrak

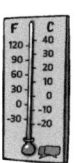

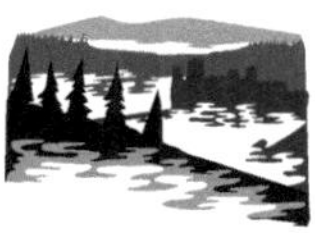

لره

mlha

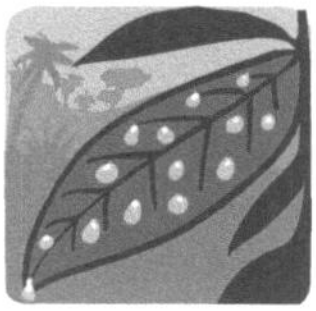

رطوبت

vlhkost

اپنر
....
blesk

تندر
....
hrom

توفان
....
bouřka

ژلى وريدل
....
kroupy

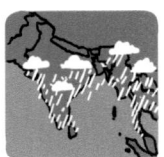

مون سون باران
....
monzun

سيلاب
....
povodeň

يخ
....
led

جنوري
....
leden

فبروري
....
únor

مارچ
....
březen

اپرېل
....
duben

مى
....
květen

جون
....
červen

جولاى
....
červenec

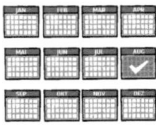

اګست
....
srpen

سپتمبر
....
září

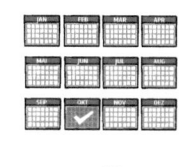

اکتوبر
....
říjen

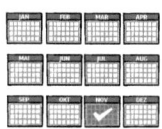

نومبر
....
listopad

دسمبر
....
prosinec

شكلونه

tvary

دایره
....
kruh

مربع
....
čtverec

مستطیل
....
obdélník

مثلث
....
trojúhelník

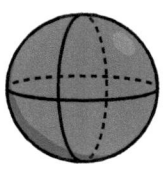

توپ
....
koule

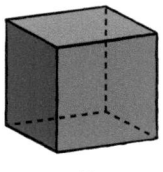

فال
....
krychle

سپین

bílá

ژیر

žlutá

نارنجي

oranžová

گلابي

růžová

سور

červená

ارغواني

fialová

نیلي

modrá

شین

zelená

نسواري

hnědá

خړ

šedá

تور

černá

خورا ډير/خورا لږ

hodně / málo

قار/ارام

rozzuřený / mírumilovný

ښکلی/بدشکله

krásný / ošklivý

پيل/پای

začátek / konec

لوی/کوچنی

velký / malý

روښانه/تياره

světlý / tmavý

ورور/خور

bratr / sestra

پاک/کثر

čistý / špinavý

مکمل/نامکمل

úplný / neúplný

ورځ/شپه

den / noc

مړ/ژوندی

mrtvý / živý

پراخه/نری

široký / úzký

د خوراک ور/نه خورل کیدونکی

jedlý / nejedlý

بد/مهربان

zlý / hodný

پاریدلی/بی خونده

vzrušený / znuděný

چاق/وچ

tlustý / hubený

لومړی/وروستی

nejdříve / naposledy

ملګری/دښمن

přítel / nepřítel

ډک/تش

plný / prázdný

سخت/نرم

tvrdý / měkký

دروند/سپک

těžký / lehký

لوږه/تنده

hlad / žízeň

ناروغ/روغ

nemocný / zdravý

غیرقانونی/قانونی

ilegální / legální

هوښیار/ساده

inteligentní / hloupý

کیڼ/ښی

vlevo / vpravo

نزدې/لرې

blízko / daleko

نو/زوړ

nový / použitý

هیڅ/څه

nic / něco

بوډا/ځوان

starý / mladý

چالان/بند

zapnutý / vypnutý

otevřeno / zavřeno

خلاص/تړلی

غلی/پر غږ

tichý / hlasitý

بډای/غریب

bohatý / chudý

صحیح/غلط

správný / špatný

زیږ/ملایم

drsný / hladký

خفه/خوښ

smutný / šťastný

لنډ/اوږد

krátký / dlouhý

سست/ګرندی

pomalý / rychlý

لوند/وچ

vlhký / suchý

تود/یخ

teplý / chladný

جګړه/سوله

válka / mír

0

صفر

nula

1

يو

jedna

2

دوه

dva

3

دري

tři

4

څلور

čtyři

5

پنځه

pět

6

شپږ

šest

7

اوه

sedm

8

اته

osm

9

نهه

devět

10

لس

deset

11

يولس

jedenáct

12
دولس

dvanáct

13
سلرلديدس

třináct

14
سلرلواخ

čtrnáct

15
پنڅخلس

patnáct

16
سرلپش

šestnáct

17
وولس

sedmnáct

18
سلتاا

osmnáct

19
نولس

devatenáct

20
شل

dvacet

100
لس

sto

1.000
رز

tisíc

1.000.000
نویلیم

milion

انګـلسي
....
angličtina

امریکایی انګـلسي
....
americká angličtina

چینایی مندرین
....
standardní čínština

هندي
....
hindština

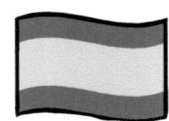

هسپانوي
....
španělština

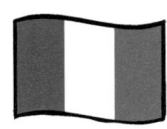

فرانسوي
....
francouzština

عربي
....
arabština

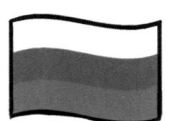

روسي
....
ruština

پرتګـالي
....
portugalština

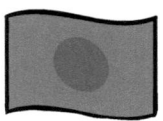

بنګـالي
....
bengálština

آلماني
....
němčina

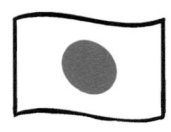

جاپاني
....
japonština

ز ه

já

ته

ty

هغه/د غه/دا

on / ona / ono

مورِ

my

تاسې

vy

دوی/هغوی

oni

خوک؟

Kdo?

خ‌ه؟

Co?

خنگ‌ه؟

Jak?

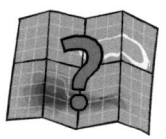

چیری؟

Kde?

کله؟

Kdy?

نوم

jméno

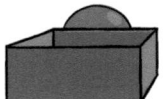

شاته
....
za

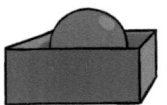

په
....
do

په مخه کی
....
z

باندي
....
nad

په
....
na

لاندي
....
mezi

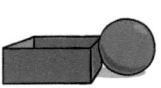

برسیره پر
....
vedle

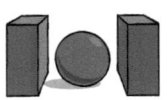

ترمینځ
....
mezi

ځای
....
místo